LYRIKEDITION 2000

begründet von Heinz Ludwig Arnold †

herausgegeben von Florian Voß

Allitera Verlag

Joachim Uhlmann, wurde im Zeichen des Stiers in Berlin geboren, wo er seitdem lebt. Nach der Schule Kriegsdienst und Gefangenschaft in England. Seit 1948 diverse Tätigkeiten: Verlagslektor, literarischer Übersetzer und anderes. Veröffentlichungen in Zeitschriften und zahlreichen Anthologien (Jahrbuch der Lyrik 1979, 1981, 2002, 2009). Sechs Gedichtbände, zuletzt: *Zirkel und Asche* (Edition Maldoror, 2000). Übersetzungen englischer Lyrik: William Blake und weitere. Mitherausgeber des Jahrbuchs für Dichtung SPEICHEN 1968 bis 1971. Mitglied der Berliner Malerpoeten.

Joachim Uhlmann

Windkanter

Gedichte

LYRIK
EDITION
2000

Informationen über den Verlag und sein Programm unter:
www.allitera.de

Informationen über die Lyrikedition 2000 unter
www.lyrikedition-2000.de

November 2015
Allitera Verlag
Ein Verlag der Buch&media GmbH, München

Printed in Germany
ISBN 978-3-86906-832-9

Die äußere Sonne hungert nach der inneren

Jacob Böhme

Odysseus taucht auf

Keine Winke mehr aus leeren Wassern.
Nur diese verborgene Heimkehr
nach der zu graben begann
in himmlischer Erde hier
sein Schatten.

Dass sie einstimmen möge
mit ihrem Glanz
da auch das Nymphendunkel
erwacht ist beim Stillstand
unter dem Ölbaummittag der anbricht.

Im fluchtfähigen Alter

Von heute an lernen
langsam rückwärts zu gehen.

Vermutungen überreden noch
zu einem Gleichgewicht zwischen nah und fern.

Da man auf einem Bein stehen kann
ist es zweideutiger zu bleiben.

Federleicht also
den lockeren Raum verschenken.

Mit den Vögeln
stürzt er ins Schlüssellose.

Pyrosophisch

Das verträgt sich nicht mit dem, was wir gelernt haben: ein Stein, in dem ein Feuer brennt oder eine Wolke, die das Feuer birgt und es weitergibt an den Vogel, der es mit sich nimmt und fortfliegt, um das Geheimnis des Phönix zu finden.

Schwerelos

Abbröckelnd zwischen den Schläferinnen, die von ferne versuchen, ihr erfundenes Öl zum Brennen zu verführen, taste ich mich in den dämmernden Himmel zurück und streife meine fruchtlosen Füße ab, denen der felsige Morgen versagt wird. Durch die Lider sickert ein Zifferblatt. Ich werde nicht sehen, bis es vergangen ist. Nur die Leere um den Stein, von dem die Blindheit gewaschen, wird mächtig sein.

Augenmaß und Tag

Auch die Birke hat zu viel Dunkel noch
mit leichten Wurzeln im Mittag zu fahren
der Sand und Ziel entrinnen lässt.

Vom Schattenstamm schält sich der Traum.
Ich hasse meine Hände da sie mit ihm spielen
und nicht aus Steinen Wachheit schlagen.

Zirkel und Asche

Aufgehn in die helle Verhüllung
ratloser Stern
unter den Schaumkämmen
aus nächtigem Überfluss.

An den Küsten sang
ein tödliches Tier
die Glutflügel schon
gebreitet zur Heimkehr
der kühlenden.

Es glänzte der Laut
der den Himmeln glich
und sie wandelte
aus dem trockenen Schatten
von Frühlicht und Widerruf.

Wo die Schwebe
nüchtern ihr Gleichgewicht hielt
ward das Erwachen geboren.

Scherenschnitt

Wodurch vertraut mein Ich dem Ich
das zu Besuch ist bei der Tante Hoffnung
die weiße Rosen häkelt aber nach Verwesung duftet
und wieder nicht den dunklen Punkt erklärt
auf den der ausgefranste Vater zeigt
bevor er anfängt aufzuhören
weil er die irren Maschen nicht versteht?

Tullia

Wie du mich teilst, Hermaphrodit
wo sich die Totenwege schneiden
des Himmels gläsernes Geäst.

Im Arm die Hellebarde wiegt dir leicht
wie nur des fremden Fährmanns Ruder
an dessen Strand das Blut erlischt.

Du wachst an allen Rändern
des Untergangs, aus deinem Atem blüht
das Karstgestirn mit blauem Dorn.

Und wo du dauerst, reicht dein Auge tief
– der Welle wuchs der Flügel dort –
und weckt das Licht aus seinem Grab.

Kubische Tropen

Seinen von den Schwären des Lichts benagten Würfel vergrub er im Herbst eines schwergehenden Singvogels. Über ihm, fast unbefleckt, stand die Verschwörung des Glases, und er verspielte träumend seine Wollust an die sengende Blume, deren gehämmerter Mund ihn fleißig erriet. Vor allem Anfang hatte er die zähen Hirtenglücke mit bleierner Zunge zerstoßen.

Libellen

Im Dunkel des Pfuhls
glomm noch das Zittern der Sterne.
Azurnadeln aus knisterndem Licht
setzten mit schillernden Stichen
mittags dem Himmel zu.

Doch nähten sie
nicht neuen Sommerraum
sondern lauerten auf Unendlichkeit
und stießen plötzlich vor
um lautlos sie
abzukürzen.

Geschärfte Musen

Herrenlos errichtet der Wind seinen Morgen entbitterter Geräte an den Rändern des Zwielichts. Die Dynastie der Geräderten schürzte die Arsenale der Seligkeit.

Wer findet Gnade für eine Harfe, in deren Schnee man gierig das Lächeln halbiert? Unvergesslich die früh erlegten Planeten unserer Barrikaden, als singend das Blei ihre Liebe beschnitt.

Stadt im Schleier der Hoffnung

Das gleiche Haus der Schinder. Hinter den Fensterläden sahen sie, wie die brennende Hostie den Brunnen betäubt. Nur das Kind war nicht sichtbar, das die Flaschenverschlüsse nahm und abzählte. Seine und des Dichters Hand haben um den Morgen gewürfelt, an dem das Licht aus den Granatäpfeln wieder zu bluten begänne.

Jetzt blüht einzig der Tod der Männer im trockenen Flussbett, die heiser ihr Lied schworen, als sie unzerstörbar wurden. Alle tranken dasselbe Wasser der Weigerung. Es weckt Mund um Mund einer Geliebten, die auf den Plätzen dämmert und deren Pulsschlag man schon klatscht.

Wintermumie

Unnützes Dach, das dem Toten verwehrt, an die Traube der Sterne sich zu gewöhnen. Seinen Leib – gewickelt in Lust – krümmt er vor den wandernden Krähen, deren Hass sein Mund ihm hätte deuten können. Langsam versiegen die Höfe, wo man den Tag zur Ader ließ. Die Würfelaugen werden ihn nicht mehr verfehlen.

Seltsame Klage

Ach dass sie gewusst haben könnten
woher sie kamen.
Sie hätten erblickt
wie sie Stehende wären.
Jeder mit seinem Angesicht
vergessend nie: Sie hatten lernen müssen
aufzuerstehn vor dem Sterben.

Chinesisches Rollbild

Sie haben fast kein Gewicht.
Sind es die Meister der Schwerelosigkeit
dort vor der Riedhütte
auf ihrem Reisekahn?
Auch der Rudermann
gab sich nicht zu erkennen.

Als am Ufer der graue Baum
flussaufwärts zog
und in seiner Krone
Wellenschwärme spielten
war der letzte Name fortgeflogen.

Nun betrachten sie die Bewegung
die vermuten lässt dass man im Meer
münden wird während ihr Gespräch
über das Sterben der Fragen
in Zirpen endet.

Hier ist nichts zu wägen.
Sie sind so leicht geworden ohne Ich
wie Ahornblätter im Herbst
wenn der Himmel sie verlässt.

Konkretes Märchen

Auf dem Weg zur Arbeit
gibt es nichts aus dem Feuer zu holen
wenn die Zungen versteinert sind
und die Schatten abgebrochen.

Abends legt man
Kastanien in den Regen
beobachtet winzige bleiche Fenster
auf den braunen Schalen
findet langsam Worte.

Gelänge es sie zu öffnen
schlügen einem Flammen entgegen
aus einem Hinterzimmer:
dort reißt sich Rumpelstilzchen
entzwei.

Der Wald öffnet die Augen

Nicht geblieben nicht geflohen war er
als im nornenlosen Väterwald
die Heimwege langsam sich schlossen.

Immergrün schien nur das Federkleid der Fremden
die manchmal kam um Abschied zu nehmen
bevor sie die Bäume wechselte.

Nun sah er sich um: im Schnee rief
ein irrer Schatten seinen Namen in ein leeres
Schneckenhaus. Niemand antwortete. Niemand ergab sich.

Wie die Ameisen schaffte er schnell seine Toten fort.

Zustände

Ich komme aus dem Niemandsland
steige die Stufen einer knöchernen Treppe hoch
seh im Vorbeigehn kaum den abgebrannten Mann
der ans Geländer geklammert seit vielen Jahren
seine verkohlten Zitate summt.

Wie schön noch einmal die knisternden Vögel
als er genau wie jetzt die Tür mir öffnet
das Wort *logisch* in die Luft schreibt
mich auffordert mit geschlossenem Mund
einzutreten in die Ruine
wo er ein Zwitschern eben noch
zur Faust geballt verglimmen sah.

Was kann ich dafür dass ich mich nicht erinnere?
Wir nehmen unsere Plätze ein
jedenfalls diese Nacht an dem schwarzen Tisch
der immer leer blieb.
Hier wird ausgezählt droht mein Freund.
Er sitzt mir gegenüber zieht die Schublade auf
und beginnt mich zu verhören.

Hausaufgabe

Nach Jahren gehorsamen Friedens
begann nun mein Krieg
mit einem kalten Traum von einer kahlen Straße:
Dort sitzt der Herr der Reinen Schrift
vor seinem Papierladen
steckt eine flackernde Feder
in seinen kerzengeraden Federhalter
und streicht Buchstaben für Buchstaben
mit rotem Feuer
die Vogelworte meiner Kindheit aus.

Dämmerung

Richard Anders
nachwinkend

Nichts lag auf der Hand
als du erwachtest um dich zu wandeln
und unsichtbar zu werden
im Kristall der Winde.

Kaum öffnetest du den Mund
blitzte ein Ruf in die Nacht
durchzuckte die masurischen Spiegel
tauchte ins Schweigen des Polarsterns
erlosch in der Leerheit seines Blicks.

Jetzt kehrst du zurück zu den Farben
die einst dich entflammten
Mütter der Ängste und Glücke
Farben die aufstiegen
aus dem Grund des Labyrinthes
wo die Spuren von Lethetrinkern sich verlieren.

Hörbar blieb das Summen des Sternenrads
bis mit den Sirenen verstummt auch dies
über der Meeresstille beim Hauch des Frührots.
Kommst nun ans Erdende ätherleicht
achtest nicht mehr des Glimmens verbrannter Vögel
lässt die Bilderwelt hinter dir
traust der närrischen Weisheit der Null.

Elias

In Feuermähnen gehüllt
ließ er den Mantel der Bilder
dem andern der nackt war
der seine Worte zerriss
und nun die Quelle heilte
mit Abschied mit Salz.

Entfacht zerstoben die Namen
von Himmel und Erde – Rabenflüge –
da er die Spanne des Schweigens
maß an dem Toten
wie Dunkel am Licht.

Der Morgen lohte: angeschirrt
zur Fahrt und Mündung in die Lust.
Wagen des Traums und seine Reiter.
Vier Fittiche tragen den Schmerz
als Fackel der Nacht voran.

Die Leere des Spiegels

Sprechen wir nicht von der Seele der Metalle. Nichts darf die Schwerkraft hindern, ihr Werk zu tun. Alle verschweigen es: Im Nanokosmos erstrahlte der Quantenstern, jetzt würde das *Ebenbild* bald gelingen. Nur *eine* Stimme spaltete die Finsternis und rief nach der Null. Sie klang erwählt und grausam wie die des Eisens. Da lösten unsichtbare Frauen den Alarm aus, der die verschollenen Götter weckte. In Panik erhoben sie sich und mussten nun in die Fremde ziehn, um allezeit dort zu verglühn.

Feuerweide

Der Felsenpfad, den gefesselt die Schafe gehen, ließ mich ernten, was ich nicht gesät. Ich war mein Hirte und meines Schweigens Ungeduld. Deutbar nur der Dornstrauch, in dem der Schattenwidder sich verfing. Meine Hände schürften das Steinohr frei, wo seine Stimme nistet.

Para Hoy

Trauernd um Rudolf Wittkopf

Du hattest angefangen du zu dir zu sagen.
Das Reden darüber war nicht deine Sache.
Lieber schwiegst du
trankst den einen oder anderen Schluck
und schautest zu
wie die Kormorane die Bucht verließen.

Dann brachst du plötzlich auf
zu deinen Einzelgängen.
Und wenn Wut der Einsamkeit
stummes Geröll entflammte
blieben hinter dir
ein paar Verse im salzigen Licht
am Rande liegen.

Wohin gingst du jetzt?
In einen Barranco wo schwarze Ziegen grasen
oder wieder den Felsenweg nach Tirant?
Kaum noch wichtig all das
da Entfernung schneidet und Leere zunimmt.

Nur wen denn trafst du dort
dass du nicht mehr zurückkehrst?
Einen Blinden der Lose anbot
einen Engel der sich verirrt hat?

Windkanter

Er atmet nicht
und bleibt liegen
mit seinem einsamen Körper
im Anblick seiner Ewigkeit.

Nicht bevor ihm Flügel wüchsen
aus seiner Sulphurseele
würde erscheinen
was er von jeher träumt
in allen toten Winkeln
die unverrückbar sind:

Raum soll reifen
zu entkommen dem Lichtkoma
im dichtehungrigen
Versteinerungsdrang.

Aura

Doch nie
verdorren wird

das feurig eine Licht
das Irgend-Götter-Strahlen

entflammter Ätherbahn

wenn widerklafft

des aber-
schönen Menschenwortes

stummer Schatten.

Ins Blaue

Entlang den Einöden der Eisblume
hatten die polaren Passate
Strophen mit der Schweigsamkeit
von Mondfinsternis ausgestreut.

Das hellsichtige Herz der Mineralien
listig und voller Licht
heftete die Anmut junger Kristalle
an die Schläfen der Entrückten.

War es nicht die Ahnung
eines verborgenen Feuers
die das Leben der Meere preisgab
ihren versteinerten Lippen?

Rings erfand eine rauschrote Dämmerung
vogelfreie Ekstasen:
Blindflüge in eine gefrorene Kindernacht.

Fossilhorizont

Ich komme
nicht vor
in dieser versteinerten
Wasserwelt.

Tauch ab zu den Häutungen.

Wo erste Augen
ihre Netze spannten
triffst du den Blick
aus menschenloser Zeit.

Verlängere
den Weg der Wachheit
indem du bleiben lernst
bis die Nacht
wieder die Nacht
berührt und
zerbricht.

Melencolia von Dürer

Den milden Häfen
entrückt dem Wiegenschein
wohnt zirkelnd
von Zeit zu Schlaf
von Schlüssel zu Tier
die ins Wunder Verknotete.

Ihren kühlen Geräten gelang
Silbe aus Spielen der Tödlichkeit
Kugel ihr zu Füßen das Meer.
Sie hat Unschuld
noch über den Stern und die Chimäre gewölbt
als ihr Schmerz
an den Kanten unmerklich zerfiel.

Überwintern und fast die Zahl der Nacht
verbürgte die härene Drohung des Rätsels.

Souvenir

Zwischen Kübelpalmen auf der Strandterrasse
Altersflecken Termine im Sakko und die Leber
die sagt was die Zukunft geschlagen hat.

Auch Erlösung ist eine Ware mit Wellengang.
Trennen wir uns ruhig von Erwägungen
wie lange er oder sie sinken müssten
wenn ihr ozeanisches Gefühl ein Loch hätte
bis der Meeresgrund erreicht wär.

Für den Fall des Falles
nähmen sie einen Erlöser im Koffer mit
hofften dass er sich wohlfühlt in seiner Muschel
dass der Segen intakt ist
und sein Specksteinhändchen
vor dem Jenseits sie bewahrt.

Vergrößerung eines Insekts

Abgesteckt im Hirngrau
schon eine Schneise
ins präparierte Stummsein
ein geschrumpfter Flug
der draußen begann
wo die Augen
an kahlen Zweigen saßen.

Hier schwirrt kein Spielraum mehr.
Auf der Nadel
sind die Flügelblätter
verdorrt.

Dort

Sehe den ersten Schnee
auf den Dächern
und denke an die
die nun wissen
dass Empedokles recht hatte
denn es irren umher dort
die Kinnbacken ohne Hälse
nackte Arme ohne Schultern
die Augen ohne Gesicht
ob sie das Ende der Verwüstung
nicht sehen das Ende
des Eintagsfluches
der endlos wird
und die Erdfrau
Bitterkeit und Zorn
in die Arme nehmen lässt
jede Nacht
und sie nähren
bis der Widerspruch stark ist.

Sehe den ersten Schnee
auf den Dächern
und überlege was Worte jetzt wert sind.

Raumstücke

Dieser Himmel ist so blau
wenn er auf unsere Netzhaut trifft
dass wir uns anstrengen müssen
als ein Stück Mensch
ausgeweitet für das unsichere
Licht ihn zu vermuten.

Farben jedoch gibt es nicht.
Noch weniger uns die Entfiederten.
So flohen wir in unsere Schattenlöcher
hier unten wo wir einander zernagen
bis den Resten vielleicht Lethe vergibt.

Lieblingsblumen

Morgens Entknitterung:
wir tauchen
beide aus der Finsternis
auf wie das Blau
und sehen die Windensterne an
Konstellation des Schnelltods
der an der Balkonwand
ein paar Stunden blüht
geduldig genug
bis wir unsere Verstecke
nach dem Frühstück
verlassen haben.

Gras

Gib der sommerbehaarten Träne Wurzeln und Stille. Der versteinerte Ruderer ist keine Zuflucht mehr vor dem Hundsstern. Was bezwingt das offene Jahr, wenn es mit einem Vogelmond ins Auge steigt? Eingeschnitten in die Horizonte die Gräser. Folge ihrer Spur ins feurige, ins flüssige Land.

Kalkfragment Seelilie

Ihr Zögern endet nicht.
Jetzt strahlt es von innen
verschlossen
in der Stein gewordenen Knospe.

Die Bewegung aus der sie zum Blühen stieg
verflüchtigt sich ständig
in Dauer.
Und der Wellentanz fließt
eingeschliffen ins Gedächtnis des Malm.

Da weckt Staunen die zerstückte
Schönheit dass sie nicht erkalte
vor der Todesarbeit des Saturn.

Im Havelbruch

Als das Schweigen anfing
sich zu wenden
entkamen wir der Atemnot.

Hier ein sicheres Staunen
für die Teichvögel:
hörbar erst
auftauchend dann zwischen Mummeln.
Seerosenbrandenburg gelb
und leicht im Licht der Erlensonne.

Wer wüsste da
nach Undine zu fragen.
Ihre grünen Finger
würden sie greifen noch
von uns Reglosen einen
am Rand der Nichtsherrlichkeit?

Kaufhaus

Vielleicht stimmt es
dass die glasigen Blicke
des Mannes der die Rolltreppe
zur Müll- und Seelengleiche
hinauffährt
die hartschaumgeborenen
Schenkel und Möwen
durchdringen.

Dann sieht er
wie aus starren Sonnen
die Nacht der Trockenschönheit
hervorbricht
und alle unsre Spiele
nach Strich und Faden
weiß macht.

Zwischenfrage

Vor wem sag verneigst du dich?
Vor den tödlichen Wünschen?
Oder dem Basilisken Erinnerung
der am Weg deiner Fluchten brennt?

Geh weiter. Suche den greisen Mi Fu auf.
Bitt ihn für einen Augenblick
das Reiben des Tuschesteins
zu unterbrechen.

Vielleicht wird er antworten
im Blick das Blässhuhn
das plötzlich in den Fluss taucht.

Wirst dann hören:
Jeden Morgen wenn ich nach draußen geh
verneig ich mich
vor meinem älteren Bruder.

Wer das ist?
Einige nannten ihn:
der mit dem leeren Herzen.
Andere sehen:
einen Fels mit Steinbrech und Moos.

Anwesenheit

So bleibt er von nichts gehalten.
Schweifend im Sommer der Abziehbilder
trägt der Aufrechte seinen Mund ab.

Die Hände biegen den Himmel auseinander
die Buchten bewegen sich nicht.
Sie zeigen ihre metallische Schulter
während er geht und die Schritte liest:
Schnecken nach dem Regen.

Aus dem todeshungrigen Tisch
wächst inzwischen das andere Meer
das die Angst des Kindes überspringt.
Ruhig verbleit wird er sinken.
Es nimmt ihn auf wo es ihn liegen ließ.

Inhalt